Hebridean Pocket Diary 2020

Illustrations by Mairi Hedderwick

This edition published in 2019 by
Birlinn Limited
West Newington House
10 Newington Road
Edinburgh
EH9 1QS

www.birlinn.co.uk

ISBN: 978 1 78027 583 3

British Library Cataloguing-in-Publication Data
A Catalogue record for this book is available from the British Library

Printed and bound by PNB Print, Latvia

Otter · coll ...
— checking me out ...

These Hebridean sketches have been garnered over a period of fifty years – some whilst living on one of the islands, others as I escaped from mainland exile. Some landmarks are no more – a post box disappeared, the old pier superseded by the new, many hens long gone into the pot. The mountains and headlands and the horizon line of the sea, however, never change – or diminish. And neither do the midges.

The Clyde islands of Arran are not truly Hebridean, but as one set of forebears hailed from Corrie, I am sure that they would have been pleased with its inclusion; as I hope you are with this Hebridean diary.

Mairi Hedderwick

2020

January Am Faoilleach

M	T	W	T	F	S	S
		1	2	3	4	5
6	7	8	9	10	11	12
13	14	15	16	17	18	19
20	21	22	23	24	25	26
27	28	29	30	31		

February An Gearran

M	T	W	T	F	S	S
					1	2
3	4	5	6	7	8	9
10	11	12	13	14	15	16
17	18	19	20	21	22	23
24	25	26	27	28	29	

March Am Màrt

M	T	W	T	F	S	S
						1
2	3	4	5	6	7	8
9	10	11	12	13	14	15
16	17	18	19	20	21	22
23	24	25	26	27	28	29
30	31					

April An Giblean

M	T	W	T	F	S	S
		1	2	3	4	5
6	7	8	9	10	11	12
13	14	15	16	17	18	19
20	21	22	23	24	25	26
27	28	29	30			

May An Cèitean

M	T	W	T	F	S	S
				1	2	3
4	5	6	7	8	9	10
11	12	13	14	15	16	17
18	19	20	21	22	23	24
25	26	27	28	29	30	31

June An t-Ògmhios

M	T	W	T	F	S	S
1	2	3	4	5	6	7
8	9	10	11	12	13	14
15	16	17	18	19	20	21
22	23	24	25	26	27	28
29	30					

July An t-Iuchar

M	T	W	T	F	S	S
		1	2	3	4	5
6	7	8	9	10	11	12
13	14	15	16	17	18	19
20	21	22	23	24	25	26
27	28	29	30	31		

August An Lùnastal

M	T	W	T	F	S	S
					1	2
3	4	5	6	7	8	9
10	11	12	13	14	15	16
17	18	19	20	21	22	23
24	25	26	27	28	29	30
31						

September An t-Sultain

M	T	W	T	F	S	S
	1	2	3	4	5	6
7	8	9	10	11	12	13
14	15	16	17	18	19	20
21	22	23	24	25	26	27
28	29	30				

October An Dàmhair

M	T	W	T	F	S	S
			1	2	3	4
5	6	7	8	9	10	11
12	13	14	15	16	17	18
19	20	21	22	23	24	25
26	27	28	29	30	31	

November An t-Samhain

M	T	W	T	F	S	S
						1
2	3	4	5	6	7	8
9	10	11	12	13	14	15
16	17	18	19	20	21	22
23	24	25	26	27	28	29
30						

December An Dùbhlachd

M	T	W	T	F	S	S
	1	2	3	4	5	6
7	8	9	10	11	12	13
14	15	16	17	18	19	20
21	22	23	24	25	26	27
28	29	30	31			

2021

January An Gearran
M	T	W	T	F	S	S
				1	2	3
4	5	6	7	8	9	10
11	12	13	14	15	16	17
18	19	20	21	22	23	24
25	26	27	28	29	30	31

February An Gearran
M	T	W	T	F	S	S
1	2	3	4	5	6	7
8	9	10	11	12	13	14
15	16	17	18	19	20	21
22	23	24	25	26	27	28

March Am Màrt
M	T	W	T	F	S	S
1	2	3	4	5	6	7
8	9	10	11	12	13	14
15	16	17	18	19	20	21
22	23	24	25	26	27	28
29	30	31				

April An Giblean
M	T	W	T	F	S	S
			1	2	3	4
5	6	7	8	9	10	11
12	13	14	15	16	17	18
19	20	21	22	23	24	25
26	27	28	29	30		

May An Cèitean
M	T	W	T	F	S	S
					1	2
3	4	5	6	7	8	9
10	11	12	13	14	15	16
17	18	19	20	21	22	23
24	25	26	27	28	29	30
31						

June An t-Ògmhios
M	T	W	T	F	S	S
	1	2	3	4	5	6
7	8	9	10	11	12	13
14	15	16	17	18	19	20
21	22	23	24	25	26	27
28	29	30				

July An t-Iuchar
M	T	W	T	F	S	S
			1	2	3	4
5	6	7	8	9	10	11
12	13	14	15	16	17	18
19	20	21	22	23	24	25
26	27	28	29	30	31	

August An Lùnastal
M	T	W	T	F	S	S
						1
2	3	4	5	6	7	8
9	10	11	12	13	14	15
16	17	18	19	20	21	22
23	24	25	26	27	28	29
30	31					

September An t-Sultain
M	T	W	T	F	S	S
		1	2	3	4	5
6	7	8	9	10	11	12
13	14	15	16	17	18	19
20	21	22	23	24	25	26
27	28	29	30			

October An Dàmhair
M	T	W	T	F	S	S
				1	2	3
4	5	6	7	8	9	10
11	12	13	14	15	16	17
18	19	20	21	22	23	24
25	26	27	28	29	30	31

November An t-Samhain
M	T	W	T	F	S	S
1	2	3	4	5	6	7
8	9	10	11	12	13	14
15	16	17	18	19	20	21
22	23	24	25	26	27	28
29	30					

December An Dùbhlachd
M	T	W	T	F	S	S
		1	2	3	4	5
6	7	8	9	10	11	12
13	14	15	16	17	18	19
20	21	22	23	24	25	26
27	28	29	30	31		

Hens.
ERRAID.

Monday Diluain   16

Tuesday Dimàirt   17

Wednesday Diciadain   18

Thursday Diardaoin   19

Friday Dihaoine   20

Saturday Disathairne   Winter Solstice   21
                      Grian-stad a' Gheamhraidh

Sunday Didòmhnaich   22

'Lord of the Isles'
— Leaving Oban

December
An Dùbhlachd

23   Monday Diluain

---

24   Christmas Eve   Tuesday Dimàirt
Oidhche nam Bannag

---

25   Christmas Day   Wednesday Diciadain
Là na Nollaige

---

26   Boxing Day Là nam Bogsa   Thursday Diardaoin
Bank Holiday Là-fèill Banca

Friday Dihaoine 27

Saturday Disathairne 28

Sunday Didòmhnaich 29

December January 2020
An Dùbhlachd — Am Faoilleach

---

30   **Monday** Diluain

---

31   Hogmanay   **Tuesday** Dimairt
        Oidhche Challainn

---

1   New Year's Day La na Bliadhn' Ùire   **Wednesday** Diciadain

       Bank Holiday Là-fèill Banca

---

2   Bank Holiday (Scotland)   **Thursday** Diardaoin
       Là-fèill Banca

Bakeshake from Carinish

Friday Dihaoine	3

Saturday Disathairne	4

Sunday Didòmhnaich	5

N. UIST.

January
Am Faoilleach

6   **Monday** Diluain

7   **Tuesday** Dimàirt

8   **Wednesday** Diciadain

9   **Thursday** Diardaoin

10   **Friday** Dihaoine

Oystercatcher.

·Harris· Loch Seaforth Border ·Lewis·

Saturday Disathairne

11

Sunday Didòmhnaich

12

January
Am Faoilleach

13
Monday Diluain

14
Tuesday Dimàirt

15
Wednesday Diciadain

16
Thursday Diardaoin

· Raasay ·

Friday Dihaoine   17

Saturday Disathairne   18

Sunday Didòmhnaich   19

January
Am Faoilleach

| 20 | Monday Diluain |

| 21 | Tuesday Dimairt |

| 22 | Wednesday Diciadain |

| 23 | Thursday Diardaoin |

Crofthouses · Jura ·

Garrynahine - Lewis -

Friday Dihaoine   24

Saturday Disathairne   Burns Night Fèill Burns   25

Sunday Didòmhnaich   26

January February
Am Faoilleach · An Gearran

27	Monday Diluain
28	Tuesday Dimàirt
29	Wednesday Diciadain
30	Thursday Diardaoin
31	Friday Dihaoine
1	Saturday Disathairne
2 Candlemas Là Fhèill Moire nan Coinnlean	Sunday Didòmhnaich

FÀILTE DHUT A MHOIRE

Shrine
IOCHDAR.
S. UIST.

February
An Gearran

3   Monday Diluain

4   Tuesday Dimàirt

5   Wednesday Diciadain

6   Thursday Diardaoin

Friday Dihaoine 7

Saturday Disatharne 8

Sunday Didòmhnaich 9

· Portree · Skye ·

February
An Gearran

10	Monday Diluain
11	Tuesday Dimàirt
12	Wednesday Diciadain
13	Thursday Diardaoin

· Scalpay · HARRIS ·

Friday Dihaoine   St Valentine's Day   14
                                         Là Fhèill Uailein

Saturday Disathairne   15

Sunday Didòmhnaich   16

Gylon
Castle.
Kerrera.

February
An Gearran

Monday Diluain   17

Tuesday Dimàirt   18

Wednesday Diciadain   19

Thursday Diardaoin   20

Friday Dihaoine   21

Saturday Disathairne   22

Sunday Didòmhnaich   23

24 Monday Diluain

25 Shrove Tuesday Dimàirt Inid   Tuesday Dimàirt

26 Ash Wednesday   Wednesday Diciadain
Diciadain na Luaithre

Rum, Muck a Eigg from Cairns of Coll
. Minke whale to starboard.

February March

An Gearran   Am Màrt

Thursday Diardaoin   27

Friday Dihaoine   28

Saturday Disathairne   29

Sunday Didòmhnaich   St David's Day   1
                                        Là Fhèill Dhaibhidh

March

Am Màrt

2	**Monday** Diluain
3	**Tuesday** Dimàirt
4	**Wednesday** Diciadain
5	**Thursday** Diardaoin
6	**Friday** Dihaoine
7	**Saturday** Disathairne
8	**Sunday** Didòmhnaich

· The Heronry · Gallanach
· Coll ·

March
Am Màrt

9	Monday Diluain

10	Tuesday Dimàirt

11	Wednesday Diciadain

12	Thursday Diardaoin

Outer Isles from Skye .

Friday Dihaoine

13

Saturday Disathairne

14

Sunday Didòmhnaich

15

ENTRANCE TO
CANNA
HOUSE

March
Am Màrt

16   Monday Diluain

17   St Patrick's Day Là Fhèill Pàdraig   Tuesday Dimàirt

     Bank Holiday (Northern Ireland)
     Là-fèill Banca

Wednesday Diciadain   18

Thursday Diardaoin   19

Friday Dihaoine   Vernal Equinox   20
Co-fhad-thràth an Earraich

Saturday Disathairne   21

Sunday Didòmhnaich   Mothers' Day Là nam Màthair   22

·Scalpay·

March
Am Màrt

---

23   **Monday** Diluain

---

24   **Tuesday** Dimairt

---

25   **Wednesday** Diciadain

Back Door
Camus Lusta

Isle of Skye

Windy Day
Kiloran Bay.
The Golden Sands.
COLONSAY

Thursday Diardaoin   26

Friday Dihaoine   27

Saturday Disathairne   28

Sunday Didòmhnaich   British Summer Time begins   29
                              Uair Shamhraidh Bhreatainn

30		Monday Diluain

31		Tuesday Dimàirt

1	April Fools' Day Là na Gogaireachd	Wednesday Diciadain

2		Thursday Diardaoin

3		Friday Dihaoine

4		Saturday Disathairne

5	Palm Sunday Didòmhnaich Tùrnais	Sunday Didòmhnaich

· Port na Luing Window · Coll ·

| 6 | Monday Diluain |

| 7 | Tuesday Dimàirt |

| 8 | Wednesday Diciadain |

Easter Sunday. Holy Isle, Arran from St Blane's, Bute
(long after the dawn has risen.)

Thursday Diardaoin
Maundy Thursday
Diardaoin a' Bhrochain Mhòir
9

Friday Dihaoine
Good Friday
Dihaoine na Càisge
10

Saturday Disathairne
11

Sunday Didòmhnaich
Easter Sunday
Didòmhnaich na Càisge
12

April
An Giblean

---

13 Easter Monday
Diluain na Càisge

Monday Diluain

14

Tuesday Dimàirt

15

Wednesday Diciadain

16

Thursday Diardaoin

Friday Dihaoine 17

Saturday Disathairne 18

Sunday Didomhnaich 19

- St. Kilda Group -

Rum & Kylebhan at the New Pier

April
An Giblean

Monday Diluain 20

Tuesday Dimàirt 21

Wednesday Diciadain 22

Thursday Diardaoin   St George's Day 23
                                    Là an Naoimh Seòras

Friday Dihaoine 24

Saturday Disathairne 25

Sunday Didòmhnaich 26

April
An Giblean

| 27 | Monday Diluain |

| 28 | Tuesday Dimàirt |

| 29 | Wednesday Diciadain |

| 30 | Thursday Diardaoin |

Friday Dihaoine

Beltane
Là Buidhe Bealltainn
1

Saturday Disathairne

2

Sunday Didòmhnaich

3

· Neist Lighthouse · Isle of Skye

Roadside
Lismore Orchid
May 21
ACTUAL SIZE
(11" to base)
Early Purple?

Monday Diluain .... Bank Holiday   4
                                                              Là-fèill Banca

Tuesday Dimàirt   5

Wednesday Diciadain   6

Thursday Diardaoin   7

Friday Dihaoine   8

Saturday Disathairne   9

Sunday Didòmhnaich   10

May
An Cèitean

| 11 | Monday Diluain |

| 12 | Tuesday Dimàirt |

| 13 | Wednesday Diciadain |

| 14 | Thursday Diardaoin |

| 15 | Friday Dihaoine |

Rhododendrons Gigha

Carpets of pink purslane,
garlic, bluebells, forget-me-
nots, aconites & primroses
COLONSAY HOUSE GARDENS.

Saturday Disathairne 16

Sunday Didòmhnaich 17

An Cèitean

18   Monday Diluain

19   Tuesday Dimàirt

20   Wednesday Diciadain

21   Ascension Day   Thursday Diardaoin
     Deasghabhail

22   Friday Dihaoine

23   Saturday Disathairne

24   Sunday Didòmhnaich

Kildalton Cross -
Islay

cows or sheep
have topped all the other daffodils

25	Spring Bank Holiday	Monday Diluain
	Là-fèill Banca an Earraich	

26		Tuesday Dimàirt

27		Wednesday Diciadain

28		Thursday Diardaoin

outside Harmony Villa

SCADABAY
Dyed wool
· Harris

CRUMBLE COTTAGE.

VRAgaig
COLONSAY

Friday Dihaoine 29

Saturday Disathairne 30

Sunday Didòmhnaich .... Whitsunday or Pentecost 31
Didòmhnaich na Caingis

June
An t-Ògmhios

| 1 | Monday Diluain |

| 2 | Tuesday Dimàirt |

| 3 | Wednesday Diciadain |

| 4 | Thursday Diardaoin |

- Wild Goats on Cara · Gigha

· Corrie · Washing Line ·
· Arran ·

· SUNDAY is the best day to wash in running water

Monday Diluain   8

.

Tuesday Dimàirt   9

Wednesday Diciadain   10

Thursday Diardaoin   11

Friday Dihaoine   12

Saturday Disathairne   13

Sunday Didòmhnaich   14

June

An t-Ògmhios

15	Monday Diluain

16	Tuesday Dimàirt

17	Wednesday Diciadain

· Flora Johnstone's Shell Bus. "It took 4 months". · S. Uist ·

An Turas ~ The Journey. Tiree

Thursday Diardaoin   18

Friday Dihaoine   19

Saturday Disathairne   Summer Solstice   20
                           Grian-stad an t-Samhraidh

Sunday Didòmhnaich   Fathers' Day   21
                                   Là nan Athair

June

An t-Ògmhios

22	Monday Diluain

23	Tuesday Dimàirt

24	Wednesday Diciadain

25	Thursday Diardaoin

26	Friday Dihaoine

27	Saturday Disathairne

28	Sunday Didòmhnaich

Sandy's Dad & friend "planting"
trays of oysters (100,000) in Pol Gorm
The Strand   Colonsay / Oronsay

29
Monday Diluain

30
Tuesday Dimàirt

1
Wednesday Diciadain

CASTLEBAY
A Sunday Afternoon
& then the coal boat
came in...

Old Pier. Craighouse.
JURA.
– Weighting for the Visitors.

Thursday Diardaoin
2

Friday Dihaoine
3

Saturday Disathairne
4

Sunday Didòmhnaich
5

July
An t-Iuchar

6	**Monday** Diluain
7	**Tuesday** Dimàirt
8	**Wednesday** Diciadain
9	**Thursday** Diardaoin
10	**Friday** Dihaoine
11	**Saturday** Disathairne
12	**Sunday** Didòmhnaich

Na Cuir Luath Theth Ann
(No Hot Ashes)
Deserted House
north of LOCHMADDY

July
An t-Iuchar

---

13 Bank Holiday (Northern Ireland)
Là-fèill Banca

Monday Diluain

14

Tuesday Dimàirt

---

15 St Swithin's Day
Là Fhèill Màrtainn Builg

Wednesday Diciadain

Thursday Diardaoin   16

Friday Dihaoine   17

Saturday Disathairne   18

Sunday Didòmhnaich   19

The old, the New and the Not-so-New · TIREE

Coll
Port na
Luing.

July

An t-Iuchar

Monday Diluain	20
Tuesday Dimàirt	21
Wednesday Diciadain	22
Thursday Diardaoin	23
Friday Dihaoine	24
Saturday Disathairne	25
Sunday Didòmhnaich	26

July
An t-Iuchar

27	Monday Diluain

28	Tuesday Dimàirt

29	Wednesday Diciadain

30	Thursday Diardaoin

Sheiling & peatbanks
inland from STORNOWAY
· LEWIS ·

July August
An t-Iuchar   An Lùnastal

Friday Dihaoine   31

Saturday Disathairne   Lammas Lunastal   1

Sunday Didòmhnaich   2

. Mainland hills to the East .

. TUESDAY is a good day for reaping ···

August
An Lùnastal

| 3 | Bank Holiday (Scotland)
Là-fèill Banca | Monday Diluain |

| 4 | | Tuesday Dimàirt |

| 5 | | Wednesday Diciadain |

| 6 | | Thursday Diardaoin |

| 7 | | Friday Dihaoine |

| 8 | | Saturday Disathairne |

| 9 | | Sunday Didòmhnaich |

Aratalla : ISLAY.

Recycled
Cattle troughs.

10

11

THE SAILOR'S GRAVE
HERE LIES
JOHN MCLEAN
DIED
12 AUGUST
1854

ree High School
Surfing Lesson.

Loch Bhasapol

The Surfacers.

Wednesday Diciadain 12

Thursday Diardaoin 13

Friday Dihaoine 14

Saturday Disathairne 15

Sunday Didòmhnaich 16

· Lunga ·   Treshnish ·   · Bac Mòr ·

August
An Lùnastal

17	**Monday** Diluain
18	**Tuesday** Dimàirt
19	**Wednesday** Diciadain
20	**Thursday** Diardaoin

Tobermory Race Day

Mull

| 24 | Monday Diluain |

| 25 | Tuesday Dimàirt |

| 26 | Wednesday Diciadain |

| 27 | Thursday Diardaoin |

COLL

Lismore

Deserted Salen
opposite flourishing
Glensanda

Friday Dihaoine

28

Saturday Disathairne

29

Sunday Didòmhnaich

30

Bhalarsaidh.

The
Stones
at
Eorisdale

August September
An Lùnastal   An t-Sultain

Monday Diluain	Summer Bank Holiday (not Scotland)	31
	Là-fèill Banca an t-Samhraidh	

Tuesday Dimàirt   1

Wednesday Diciadain   2

Thursday Diardaoin   3

Friday Dihaoine   4

Saturday Disathairne   5

Sunday Didòmhnaich   6

September
An t-Sultain

7	Monday Diluain

8	Tuesday Dimàirt

9	Wednesday Diciadain

10	Thursday Diardaoin

11	Friday Dihaoine

12	Saturday Disathairne

13	Sunday Didòmhnaich

- Grey Seals Jacuzzi -
- St. Kilda -

Carloway
Barvas
A858

Uig B8011
Gt Bernera
(B 8059)

Peats home for winter
LEWIS.

September
An t-Sultain

Monday Diluain	14
Tuesday Dimairt	15
Wednesday Diciadain	16
Thursday Diardaoin	17
Friday Dihaoine	18
Saturday Disathairne	19
Sunday Didòmhnaich	20

September
An t-Sultain

21		Monday Diluain

22	Autumnal Equinox Co-fhad-thràth an Fhoghair	Tuesday Dimàirt

23		Wednesday Diciadain

Lews Castle '06 – all the trees gone

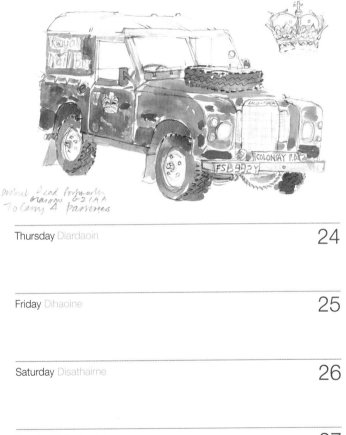

Thursday Diardaoin 24

Friday Dihaoine 25

Saturday Disathairne 26

Sunday Didòmhnaich 27

Scalpay.
The New Bridge.

September
An t-Sultain

28	Monday Diluain

29	Tuesday Dimàirt

30	Wednesday Diciadain

October
An Dàmhair

Thursday Diardaoin	1

Friday Dihaoine	2

Saturday Disathairne	3

Sunday Didòmhnaich	4

Grandparents' Day
Latha nan Seanmhair 's nan Seanair

October

An Dàmhair

5	**Monday** Diluain

6	**Tuesday** Dimàirt

7	**Wednesday** Diciadain

8	**Thursday** Diardaoin

St. Kilda · Stac Lee ~ bracelets of gannet guano ·

Friday Dihaoine 9

Saturday Disathairne 10

Sunday Didòmhnaich 11

| 12 | Monday Diluain |

| 13 | Tuesday Dimàirt |

| 14 | Wednesday Diciadain |

The geese, the geese . . . . . .

Thursday Diardaoin   15

Friday Dihaoine   16

Saturday Disathairne   17

Sunday Didòmhnaich   18

Killinallan · Islay ·

North Smerclate
S. Uist.

Monday Diluain	19

Tuesday Dimàirt	20

Wednesday Diciadain	21

Thursday Diardaoin	22

Friday Dihaoine	23

Saturday Disathairne	24

Sunday Didòmhnaich	British Summer Time ends Crìoch Uair Shamhraidh Bhreatainn	25

Ness P.C. Lewis
Hallowe'en Masks at the
window

October
An Dàmhair

26	Monday Diluain
27	Tuesday Dimàirt
28	Wednesday Diciadain
29	Thursday Diardaoin

Friday Dihaoine   30

Saturday Disathairne   Hallowe'en   31
                                    Oidhche Shamhna

Sunday Didòmhnaich   All Saints' Day   1
                                    Fèill nan Uile Naomh

The Old
& the New.

STOVES
Lighthouses
ERRAID.

Approaching Staffa
Davy Kirkpatrick 'at the helm'.

November
An t-Samhain

2	**Monday** Diluain
3	**Tuesday** Dimàirt
4	**Wednesday** Diciadain
5	Guy Fawkes Night Oidhche Ghuy Fawkes	**Thursday** Diardaoin

Friday Dihaoine

6

Saturday Disathairne

7

Sunday Didòmhnaich

Remembrance Sunday
Didòmhnaich Cuimhneachaidh

8

· Postbox · ARRAN ·

November

An t-Samhain

9
Monday Diluain

10
Tuesday Dimàirt

11 Martinmas
Là Fhèill Màrtainn

Wednesday Diciadain

12
Thursday Diardaoin

The Geolly Boys · Coire · Early Morning

CROIG
Mull

Mrs. Galbraith's
Honesty Box

Friday Dihaoine   13

Saturday Disathairne   14

Sunday Didòmhnaich   15

Rhinns of Islay
Lighthouse
From deserted (12th) chapel. Soon lighthouse
to be deserted. Computers
already installed

November
An t-Samhain

Monday Diluain	16
Tuesday Dimàirt	17
Wednesday Diciadain	18
Thursday Diardaoin	19
Friday Dihaoine	20
Saturday Disathairne	21
Sunday Didòmhnaich	22

23	Monday Diluain

24	Tuesday Dimàirt

25	Wednesday Diciadain

. Tobermory · Mull ·

MONDAY is the best day to move house
from North to South.

- Boat Day - Tiree

FERRY TRAFFIC
Q HERE

Thursday Diardaoin   26

Friday Dihaoine   27

Saturday Disathairne   28

Sunday Didòmhnaich   29

November December
An t-Samhain / An Dùbhlachd

30 St Andrew's Day Là an Naoimh Anndras   **Monday** Diluain
      Bank Holiday (Scotland) Là-fèill Banca

---

1   **Tuesday** Dimàirt

---

2   **Wednesday** Diciadain

---

3   **Thursday** Diardaoin

---

4   **Friday** Dihaoine

---

5   **Saturday** Disathairne

---

6   **Sunday** Didòmhnaich

· St. Kilda ·Stac an Armin Stac Lee ·
Conachair

December
An Dùbhlachd

7	**Monday** Diluain

8	**Tuesday** Dimàirt

9	**Wednesday** Diciadain

10	**Thursday** Diardaoin

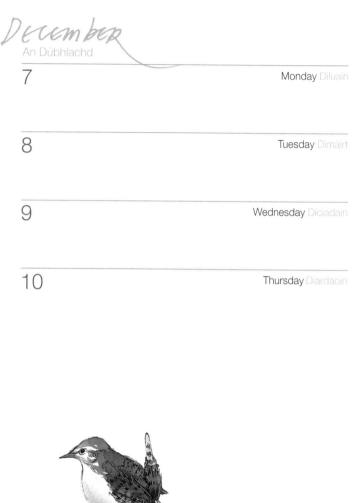

· Wren ·
· St. Kilda ·

BRODICK. ARRAN.

Friday Dihaoine

11

Saturday Disathairne

12

Sunday Didòmhnaich

13

December
An Dùbhlachd

14	Monday Diluain

15	Tuesday Dimàirt

16	Wednesday Diciadain

The Castles of Coll and the Treshnish Isles
Staffa↑

Thursday Diardaoin   17

Friday Dihaoine   18

Saturday Disathairne   19

Sunday Didòmhnaich   20

Isle of Skye .
Torrin

December

An Dùbhlachd

Monday Diluain	Winter Solstice Grian-stad a' Gheamhraidh	21

Tuesday Dimàirt	22

Wednesday Diciadain	23

Thursday Diardaoin	Christmas Eve Oidhche nam Bannag	24

Friday Dihaoine	Christmas Day Là na Nollaige	25

Saturday Disathairne	Boxing Day Là nam Bogsa	26

Sunday Didòmhnaich	27

December

28	Bank Holiday (Scotland) Là-fèill Banca	Monday Diluain

29		Tuesday Dimàirt

30		Wednesday Diciadain

31	Hogmanay Oidhche Challainn	Thursday Diardaoin

FRIDAY is lucky for making bargains....

MORRISON'S DISTILLERY
BOWMORE
ISLAY
E II R
5775   1980
509

The Queen's Barrel

Jura Paps from Gigha.

January
Am Faoilleach 2021

Friday Dihaoine	New Year's Day Là na Bliadhn' Ùire	1
	Bank Holiday Là-fèill Banca	

Saturday Disathairne	2

Sunday Didòmhnaich	3

January
Am Faoilleach

| 4 | Bank Holiday (Scotland)
Là-fèill Banca | Monday Diluain |

| 5 | | Tuesday Dimàirt |

| 6 | | Wednesday Diciadain |

| 7 | | Thursday Diardaoin |

| 8 | | Friday Dihaoine |

| 9 | | Saturday Disathairne |

| 10 | | Sunday Didòmhnaich |

The Stone of ?acbet
or The Druid Stone Gigha

TKeo

January 2021
Am Faoilleach

1	New Year's Day Là na Bliadhn' Ùire	Friday Dihaoine
2		Saturday Disathairne
3		Sunday Didòmhnaich
4	Bank Holiday (Scotland) Là-fèill Banca	Monday Diluain
5		Tuesday Dimàirt
6		Wednesday Diciadain
7		Thursday Diardaoin
8		Friday Dihaoine
9		Saturday Disathairne
10		Sunday Didòmhnaich
11		Monday Diluain
12		Tuesday Dimàirt
13		Wednesday Diciadain

14	Thursday Diardaoin
15	Friday Dihaoine
16	Saturday Disathairne
17	Sunday Didòmhnaich
18	Monday Diluain
19	Tuesday Dimàirt
20	Wednesday Diciadain
21	Thursday Diardaoin
22	Friday Dihaoine
23	Saturday Disathairne
24	Sunday Didòmhnaich
25 Burns Night Fèill Burns	Monday Diluain
26	Tuesday Dimàirt
27	Wednesday Diciadain
28	Thursday Diardaoin
29	Friday Dihaoine
30	Saturday Disathairne
31	Sunday Didòmhnaich

Notes

Notes

Notes

Notes

Notes

Notes

Notes

Notes

Caledonian MacBrayne Contact Details:
Enquiries and Reservations:
0800 066 5000
www.calmac.co.uk

Hebridean Celtic Festival, Isle of Lewis
www.hebceltfest.com

Royal National Mòd
www.ancomunn.co.uk

Feisean nan Gàidheal
www.feisean.org

Shipping Forecast BBC Radio 4 –
92.4–94.6 FM, 1515m (198kHz),
00:48, 05:20, 12:01, 17:54

NORTHBAY

BARRA